# CHAMBRE DE COMMERCE D'ALGER

# INAUGURATION

## DU

# PALAIS CONSULAIRE

## 9 ET 11 JANVIER 1892

ALGER
TYPOGRAPHIE ADOLPHE JOURDAN
4, Place du Gouvernement, 4

1892

# INAUGURATION

## DU

# PALAIS CONSULAIRE

## 9 & 11 JANVIER 1892

PALAIS CONSVLAIRE

# INAUGURATION

## DU

# PALAIS CONSULAIRE

**9 ET 11 JANVIER 1892**

ALGER

TYPOGRAPHIE ADOLPHE JOURDAN

4, Place du Gouvernement, 4

1892

# INAUGURATION

## DU

# PALAIS CONSULAIRE

Le 9 janvier 1892, à 2 heures, a eu lieu la cérémonie de l'inauguration du Palais Consulaire.

C'est dans le grand hall central que la nombreuse assistance, composée de toutes les notabilités du monde administratif, politique, militaire et commercial, s'est réunie.

Sur l'estrade, ornée de plantes exotiques et de trophées tricolores, siègent les autorités. M. J. Warot, président de la Chambre de commerce, à la place d'honneur, ayant à sa droite M. L. Castan, président du Tribunal de commerce, et à sa gauche M. Guillemin, maire, et M. Paul, préfet d'Alger, représentant le gouvernement, par délégation spéciale de M. Cambon, M. Du Champ, secrétaire général du gouvernement, étant empêché pour cause de maladie.

Des fauteuils sont également réservés au Général commandant le corps d'armée, au Premier Président, au Procureur général, au Recteur de l'Académie, etc.

Autour de la salle, les colonnes élancées qui soutiennent
la haute coupole vitrée disparaissent sous des draperies
rouges, piquées de palmes vertes en éventail et de petites
oriflammes aux couleurs françaises, et, de l'une à l'autre,
courent de gracieuses guirlandes de verdure.

Ce hall présente au point de vue architectural le plus
heureux effet. Il est d'une jolie grandeur et a été construit
d'après un modèle présentant quelque analogie, sauf la
dimension, avec celui de la Bourse de Paris.

L'orchestre municipal ayant fait entendre l'hymne
national, M. le Président de la Chambre de commerce
ouvre la séance par l'important discours suivant, dans
lequel il retrace l'historique du commerce algérien, depuis
l'origine de l'occupation de l'Algérie par la France, et des
perturbations qu'il a traversées avant d'atteindre son
développement actuel :

Messieurs,

L'inauguration de cet édifice fixe une date importante
dans l'histoire de la seconde France, créée par notre
glorieuse mère-patrie sur les bords africains de la Médi-
terranée.

Elle est le témoignage éclatant et manifeste du triomphe
désormais irrécusable de l'œuvre d'expansion nationale
commencée en 1830, que la philosophie de l'histoire
montrera comme un exemple mémorable de l'infaillibilité
de la loi du progrès, qui est celle de la victoire finale de la
civilisation sur la barbarie.

Tant qu'il ne s'est agi que de guerres entre peuples
séparés par des dissemblances en apparence inconciliables,
de débats sur les modes de souveraineté à exercer dans

un pays dont de rares esprits clairvoyants, réputés visionnaires, étaient seuls à présumer les ressources et la mystérieuse grandeur, on a pu croire que la France s'était lancée dans cette entreprise en aveugle et téméraire aventurière. Ses ennemis ont pu s'en réjouir. Il y a pu y avoir doute sur l'issue définitive. On a pu résister avec une apparence de logique, plus spécieuse que solide, à l'entraînement instinctif de la nation qui poursuivait, inflexiblement et sans en dévier d'une ligne, sa marche en avant dans l'accomplissement de l'œuvre grandiose commencée, en dépit des argumentations timorées, des oppositions intéressées, des obstructions combinées et des événements calamiteux qui, de temps à autre, venaient prêter leur désastreux concours aux assauts des politiciens et aux sophismes des rhéteurs.

Mais, au fur et à mesure que les témoignages de la production exubérante du sol, de la consommation grandissante dans la population, de la richesse économique se développant à pas de géants, sont venus porter dans la mêlée des discussions touchant le être ou le non être de la colonie française d'Afrique, leurs irrésistibles démonstrations, c'en a été fait des vaines théories préconçues qui avaient rempli tant de dissertations prétendues clairvoyantes et fait l'objet de tant de discussions sonnant éloquemment une note fausse. Les préventions se sont dissipées, les yeux se sont ouverts à la lumière, la cause de la colonisation de l'Algérie par la France a été irrévocablement gagnée. Une fois de plus, l'enseignement de l'expérience avait vaincu les systèmes.

Entre ces manifestations aussi concluantes que des déductions mathématiques, il faut placer au premier rang les constatations chiffrées des statistiques commerciales. Elles sont la résultante et l'expression irrécusable du développement économique. En face des totaux comparés des tableaux d'exportation et d'importation, du mouvement de la navigation et des affaires, des états de perception des droits d'entrée sur les marchandises consommées, les préventions les plus enracinées sont confondues et forcées d'amener leur pavillon.

Le commerce progresse, donc le pays progresse. C'est un axiôme, une affirmation non susceptible de contradiction.

Le commerce est la branche de l'activité humaine qui donne avec le plus d'exactitude et de précision la mesure de la richesse économique d'une nation. Un pays peut avoir été gratifié par la nature de tous les éléments les plus riches et les plus variés de production, sol fertile, eaux abondantes, soleil vivificateur, forêts puissantes, gîtes métallurgiques opulents, situation maritime et géographique favorable. Il peut même posséder une population nombreuse, intelligente, ne demandant pas mieux que de devenir active, industrieuse; cela n'empêchera pas ce pays, si bien doté qu'il soit, de croupir dans l'immobilisme et dans la barbarie, s'il reste dépourvu de l'outillage nécessaire à la mise en valeur des richesses et des forces qu'il détient ;

S'il ne possède ni ports scientifiquement aménagés, ni chemins de fer mis au service de la circulation vraiment économique, ni cet ensemble d'institutions tutélaires qui assurent la liberté d'action, d'échanges, de relations entre le producteur, le vendeur et le consommateur, fût-il richissime, digne des qualifications les plus admiratives, il sera pauvre, languissant, se traînera péniblement à la poursuite d'un révélateur ou d'un créateur assez génial et assez puissant pour le tirer de sa torpeur, le munir de ce qui lui manque et lui conquérir dans le monde la place que la nature lui avait si favorablement départie.

Un peuple sans commerce est nécessairement un peuple

arriéré. Il ne cessera de l'être qu'à partir du jour où les avantages des relations commerciales lui auront été révélés et qu'il en aura apprécié l'action, l'influence transformatrice et bienfaisante.

Sans aller jusqu'à prétendre que le commerce soit la civilisation, nous pouvons bien affirmer qu'il l'accompagne toujours, qu'il fait corps avec elle, et qu'il en est un des apanages les plus caractéristiques.

En aucun pays, le rapport intime entre le développement du commerce, constaté par les chiffres arides des statistiques, et le développement de la civilisation ne s'est manifesté avec plus de lumière et d'évidence qu'en Algérie, aussi bien dans les temps antiques, à l'époque des dominations carthaginoise, romaine et byzantine, que dans les temps contemporains, depuis sa prise de possession par la France. Toujours, ·ses annales en font foi, elle a été nulle pour la civilisation quand elle n'a pas possédé de commerce, et elle a occupé une grande place dans le concours général des peuples policés, quand son commerce s'est étendu et que la mer qui la baigne est devenue le champ de travail de ses navigateurs pour ses relations actives avec les autres pays.

Et même, le commerce s'y est montré non seulement comme un résultat, comme l'effet d'un haut degré de civilisation acquise, mais aussi comme une cause, comme le fondement même sur lequel l'édifice de la civilisation a reposé.

Envisagé dans son action sur l'état des populations qui se sont succédé dans l'occupation et la souveraineté de l'Afrique du Nord, le commerce doit être considéré à la fois comme la manifestation d'un état économique florissant et comme l'instrument, l'agent puissant qui a déterminé cette prospérité, en a assuré l'essor, en a organisé le mécanisme; sans lui, ces civilisations n'eussent pas pu s'épanouir. C'est lui, le commerce, qui a conduit ses intelligents impulseurs aux premiers rangs parmi les agglomérations sociales qui ont joué un grand rôle dans l'histoire de l'humanité.

Je disais tout à l'heure que des pays possédant les éléments de fécondité les plus variés peuvent demeurer dans l'ombre et dans la barbarie, s'ils ne possèdent pas de commerce, c'est-à-dire s'ils sont dépourvus de l'organisme et des institutions leur permettant de livrer à la circulation les trésors que la nature leur a départis avec prodigalité.

Il n'est pas moins exact, l'histoire en fournit d'éclatants exemples, que des peuples possesseurs de territoires restreints, peu fertiles, même exigus, arides, dépourvus de ce que l'on nomme la richesse naturelle du sol, peuvent devenir de grands peuples, opulents, prospères et tenant une place mémorable dans les annales du monde civilisé par le seul effet de leur génie commercial, de leur esprit d'entreprise porté vers les transactions pacifiques et de leur entente des relations d'échanges.

Là où étaient la pauvreté, le dénuement, ils ont su faire naître la richesse. Ce sont de véritables créateurs. Ces petits peuples ainsi doués ont atteint parfois un apogée de gloire, de grandeur et d'éclat qui fut trop souvent l'objet de l'envie et de la haine de vastes empires impuissants à les imiter et à les suivre.

Je pense qu'il résulte des enseignements de l'histoire la démonstration de la déduction suivante des considérations que je viens d'exposer :

Qu'une bonne organisation du commerce est la condition essentielle du progrès, du développement économique d'un pays et de sa prospérité.

Et comme conséquence d'application immédiate :

Que si une nation est résolue de faire entrer un pays

dont elle est devenue souveraine dans la voie du progrès, à assurer sa vitalité économique, à y constituer une fortune publique solidement assise, féconde en revenus toujours grandissants, elle doit s'appliquer à le munir d'une bonne organisation commerciale, d'institutions régissant les relations d'échanges vraiment en rapport avec ses facultés productrices et consommatrices, d'une réglementation douanière appropriée aux phases de son développement ; en un mot, elle doit favoriser l'essor de son commerce, le dégager des entraves que peut rencontrer la liberté de son expansion, le protéger, lui aplanir les voies et perfectionner ses moyens d'action de façon qu'il ne soit jamais laissé dans un état d'infériorité vis-à-vis de concurrents ardents à la lutte et toujours habiles à profiter des moindres négligences commises.

Pouvons-nous dire, Messieurs, que de tout temps, en général, depuis les origines de la conquête, un pareil programme ait constamment inspiré les divers régimes de gouvernement qui ont fonctionné dans la colonie algérienne ?

Certes, nous ne pouvons contester que l'on ait beaucoup fait pour le commerce et que la mère-patrie ait consacré à l'organisation de cet élément essentiel de la vie économique, des travaux considérables dont les résultats sont aujourd'hui recueillis et qui ont amené l'Algérie à l'état de développement qui est actuellement devant vos yeux.

On a beaucoup créé ; on a beaucoup travaillé. La France a fait pour les travaux de navigation, de circulation, de ports, d'immenses, de généreux sacrifices. On s'en rend compte en se reportant par la pensée à l'époque, encore présente aux souvenirs des anciens d'entre nous, où l'Algérie ne possédait ni ports, ni voies ferrées, à peine quelques chemins presque impraticables pour joindre l'intérieur au littoral et où le chameau et le bourriquot arabes constituaient le procédé de transport le plus habituellement en usage.

Ce n'est pas nous qui nous aviserons de dénigrer l'œuvre accomplie, puisque nous avons au contraire à en montrer les fruits que nous estimons dignes d'admiration.

Mais nous n'en devons pas moins reconnaître que le commerce, l'intérêt commercial est loin d'avoir tenu dans les préoccupations des gouvernants une place correspondante à son importance, et que dans les méditations des hommes placés à la tête des pouvoirs publics, il ne figura pas toujours au rang qu'il méritait d'occuper.

Les nécessités de la conquête et de la pacification, celles de l'organisation du peuple soumis; celles aussi de la colonisation proprement dite et du peuplement, étaient considérées comme les intérêts primant tous les autres, comme ceux méritant les efforts constants des législateurs et des administrateurs. Elles étaient le point essentiel auquel il fallait avant toute chose donner satisfaction.

Les besoins du commerce et de la population commerçante étaient regardés, moins comme un but économique à atteindre, un intérêt direct à servir, que comme un moyen d'action à ménager pour quelques services spéciaux qu'il pouvait rendre, pour aider à la satisfaction des autres éléments d'organisation et de conquête d'ordre différent, jugés à tort supérieurs. Il fallait s'en servir plutôt que le servir.

On étudiait, on résolvait hâtivement les questions sans se demander si l'intérêt commercial était toujours ménagé dans les solutions adoptées. Il fallait que cet intérêt se contentât des déterminations prises à un autre point de vue que le sien propre, celui de l'intérêt fiscal par exemple, celui des relations amicales à préserver de toute atteinte avec telle ou telle puissance étrangère, etc., etc. Il fallait que le commerce s'arrangeât des solutions intervenues et procédât dans la limite d'action qui lui était fixée. On ne lui avait pas demandé son avis dans la question, et ce qui avait été décidé devenait pour lui une loi à laquelle il devait soumettre sa façon de procéder et combiner ses opérations.

Si au moins cette loi avait été durable, il aurait pu appuyer sur elle des prévisions pour la solidité de ses entreprises, mais trop souvent c'était le contraire qui arrivait, et des changements subits de réglementation dans des questions dont dépendaient des intérêts commerciaux ou industriels, venaient confondre les combinaisons les plus sagement établies et arrêter la marche des opérations sur lesquelles on était en droit de fonder les meilleures espérances.

C'est ainsi que dans le cours de certaines périodes et à diverses époques de l'histoire de l'occupation, des hésitations, des tâtonnements, des déceptions dans le mouvement du commerce se sont traduits par le ralentissement du progrès, parfois par les phases de recul et par des fluctuations rétrogrades immédiatement enregistrées, comme pour servir d'avertissement, sur l'infaillible baromètre de la statistique commerciale.

L'exposé raisonné de ces perturbations fournirait un tableau expérimental du plus haut intérêt de l'effet, sur le développement d'un pays colonial, des traitements commerciaux auxquels il est soumis par sa métropole et pourrait grandement servir d'enseignement pour l'avenir.

Il ne m'est pas possible d'entrer dans une pareille étude qui comporterait des développements techniques trop étendus pour que je me sente autorisé à y soumettre votre patience.

Je me bornerai donc à vous signaler quelques faits qui seront de nature à montrer les difficultés que le commerce algérien a dû surmonter pour parvenir au degré de développement qu'il a atteint aujourd'hui, les rapides progrès qu'il a réalisés aussitôt que la faculté de se mouvoir lui a été accordée ; enfin, de faire entrevoir l'incommensurable expansion qui lui est certainement réservée, si un juste discernement des méthodes à suivre pour assurer sa libre expansion inspire dans l'avenir les hommes à qui la nation remettra le soin de guider sa marche et de diriger sa destinée.

Messieurs, l'histoire du commerce algérien, depuis les premiers temps de l'occupation, peut être divisée en trois phases générales, correspondant dans leurs effets à trois périodes de réglementation douanière distinctes, dont je vais en peu de mots décrire les tendances et l'économie.

La première, je suis bien obligé pour rester dans la vérité de la qualifier sévèrement. L'incohérence, l'arbitraire, la négation des principes économiques les plus élémentaires, voilà ce que nous trouvons dans les actes de réglementation ou plus exactement, de commandement, qui ont marqué à cette époque l'impulsion gouvernementale donnée aux intérêts commerciaux. Il semblerait que véritablement on eût pris à tâche d'empêcher absolument l'établissement de la fortune publique de se faire en Algérie.

Mais les procédés empiriques dont on faisait usage s'expliquent jusqu'à un certain point par les incertitudes de la politique. La proposition de l'abandon était chaque jour posée dans les assemblées parlementaires. Pouvait-on songer à jeter les bases d'un édifice durable, chercher les moyens d'enrichir un pays dont l'évacuation pouvait être prononcée d'un instant à l'autre ?

Il n'y avait rien de systématique dans les mesures édictées. On agissait suivant ce que l'on croyait répondre aux besoins du moment. On vivait au jour le jour. On prenait des arrêtés suivant les circonstances. La tendance qui prédominait dans les décisions des gouverneurs généraux qui exerçaient l'autorité, c'était d'assurer l'alimentation de l'armée et de la population civile dans les conditions du meilleur marché possible.

Jouir de toutes les facilités de l'existence, comme si l'on n'eût pas quitté la France, tel était le but. Les procédés auxquels on avait recours furent d'abord des droits à l'exportation ou même, sous le prétexte d'assurer les approvisionnements, l'interdiction pure et simple d'exporter les denrées.

Chose qui peut maintenant paraître incroyable, de 1830 jusqu'en 1851 une ligne de douanes a régné en France vis-à-vis de l'Algérie, pour tous les produits dont l'Algérie aurait dû trouver en France un écoulement naturel. On laissait entrer en franchise, dans tous les ports algériens, les grains, les légumes, les farines, les fruits, toutes les denrées nécessaires à l'alimentation, tandis que la France restait fermée aux mêmes produits de provenance algérienne.

Mais non seulement nos ports étaient ouverts à l'importation française, ils l'étaient aussi à l'importation étrangère des mêmes produits, de telle sorte que le blé algérien, qui aurait pu se vendre 25 francs l'hectolitre en France, s'il avait été libre d'y entrer, avait à supporter, en Algérie même, la concurrence des blés de la mer Noire, qui le faisaient descendre au-dessous de 14 francs.

Notre colonie n'était nullement protégée comme la métropole contre la concurrence étrangère. Elle se trouvait vis-à-vis de la métropole, dans une situation infiniment plus mauvaise que les pays étrangers, car ceux-ci, s'ils subissent les douanes de leurs voisins, en établissent à leur profit, tandis que notre colonie subissait les douanes de tous sans compter les fixations arbitraires des prix des denrées, et, à l'occasion, les prohibitions d'exportations les plus soudaines, le tout sans un avantage compensateur. Tout pouvait être importé chez nous gratis ou à peu près, et rien de ce que nous étions susceptibles de produire ne pouvait s'écouler au dehors.

Les résultats de ce beau régime furent tels qu'on pouvait les attendre. De 1830 à 1851, l'Algérie reçut pour 1,070,000,000 francs de marchandises, dont 535,000,000 francs de marchandises françaises, et n'exporta de ses propres produits que pour 115,000,000 francs, dont 57,000,000 seulement en France.

Presque tout l'argent apporté en Algérie passait à l'étranger ou retournait en France. On disait que l'armée faisait vivre les colons, mais en réalité la colonisation tout aussi bien que l'occupation militaire vivaient de nourriture fournie par l'étranger et au bénéfice de celui-ci. Incontestablement, c'était le commerce qui était l'élément essentiel dont la colonie tirait sa subsistance, mais ses opérations, quelque fructueuses qu'elles pussent être, ne contribuaient que très imparfaitement à l'assiette et à l'enrichissement du pays.

Vainement s'efforçait-on de créer, par des procédés en quelque sorte empiriques, des établissements agricoles et des villages et sacrifiait-on des sommes importantes à l'implantation d'une population laborieuse européenne sur le sol du pays conquis. C'était une œuvre factice, éphémère. Grâce à la mauvaise économie de l'institution commerciale, l'argent s'en retournait là d'où il était venu, ne laissant que de minimes bribes dans un pays où l'action d'un capital libéré était la condition essentielle des créations durables; l'essor de la colonie était paralysé ; rien n'y subsistait de ce que l'on s'obstinait à établir à grand prix.

Certes, ce n'était la faute ni de l'Algérie, ni des Algériens, si les dépositaires des pouvoirs gouvernementaux entendaient les intérêts du pays de façon à leur nuire au lieu de les servir.

C'est par l'effet de pareilles préventions que l'on a pu si longtemps représenter l'Algérie comme un fardeau ruineux pour les finances de la mère-patrie, imputation néfaste qui s'est transmise jusqu'à notre époque chez quelques esprits opiniâtres dans l'idée préconçue, en dépit des manifestations de la plus éclatante évidence.

Enfin, ce régime qui, maintenu, eût infailliblement abouti à l'irrémissible condamnation de la conquête de l'Algérie par la France, rencontra des esprits clairvoyants qui en pénétrèrent la désastreuse action, s'appliquèrent à en établir l'absurdité et réussirent à en obtenir l'abandon.

Parmi eux, citons l'éminent philosophe économiste de Tocqueville, démontrant dans ses discours parlementaires que l'intérêt de la France était que les Européens d'Afrique produisissent les denrées nécessaires à leur subsistance et à celle de l'armée, et que le procédé le seul efficace pour atteindre ce résultat était de leur procurer le moyen régulier et facile d'écouler fructueusement leurs produits.

Cette nouvelle méthode, à laquelle nous nous plaisons à décerner le titre de salutaire, marque la deuxième phase du régime commercial auquel la colonie française d'Afrique a été soumise.

Son instrument mémorable fut la loi du 11 janvier 1851, laquelle présentée par le maréchal Randon, ministre de la Guerre, fut défendue par le général Daumas comme commissaire du gouvernement devant l'Assemblée nationale. Cette loi ouvrait au commerce et à la production de l'Algérie une ère féconde, celle de l'union de l'Algérie avec la France. Elle enfermait en elle le secret de notre développement économique ultérieur tout entier. L'Algérie avait trouvé sa voie dont elle n'avait plus qu'à suivre la ligne toute tracée : l'assimilation douanière progressive avec la mère-patrie.

Jusqu'alors, elle n'avait jamais eu que des tarifs particuliers. Pour ses relations de commerce avec la métropole, elle avait été assimilée aux pays étrangers. Quelques-uns de ses produits seulement avaient obtenu un traitement de faveur dans la mère-patrie.

D'après la nouvelle législation, elle devint une sorte d'annexe commerciale de la France. Les tarifs et la législation douanière nationale lui furent généralement applicables.

Par l'exemption de taxes à l'entrée en France, elle trouva l'écoulement de ses produits naturels les plus importants, ceux dont l'exportation devaient le mieux assurer l'extension de sa principale industrie, l'agriculture.

La loi du 11 janvier ne supprimait pas absolument les barrières qui séparaient la France de l'Algérie. Elle les ouvrait uniquement aux produits naturels du sol et à un nombre très restreint de produits industriels, soigneusement nomenclaturés dans des tableaux annexés. Des marchandises étrangères, bien que payant des droits en France, continuaient d'être admises en franchise en Algérie.

Il n'en est pas moins certain qu'elle produisit les plus heureux effets ; qu'à partir de cette date le commerce cessa d'être exclusivement importateur pour commencer à devenir sérieusement exportateur, et que de merveilleux résultats vinrent bientôt établir que la prospérité de la colonie était indissolublement liée à l'intimité de ses relations commerciales avec la France et que, par conséquent, il n'y avait plus qu'à assurer ces relations par la plus complète liberté des transactions entre la mère-patrie et sa colonie, pour que celle-ci fût certaine d'acquérir une vitalité propre lui permettant d'envisager l'avenir avec sécurité et de traverser sans défaillance les plus redoutables épreuves.

La norme de la statistique commerciale ne tarda pas à porter le sceau de son infaillible confirmation aux prévisions clairvoyantes des promoteurs de la loi du 11 janvier 1851. Dès 1853, les exportations algériennes qui dans la période de 1830 à 1851 n'avaient qu'exceptionnellement atteint le chiffre de 10 millions, s'élevèrent à 30, puis en 1854 à 42 et en 1855 à 49 millions pour atteindre, en 1863, 66 millions et en 1864 le chiffre important de 108 millions.

Ainsi, en 10 ans l'Algérie avait vu décupler ses exportations. Ce mouvement n'avait nullement nui à celui de ses importations; bien au contraire.

Ce dernier avait suivi un accroissement encore plus actif, et de 66 millions de marchandises que nous avions appelées sur nos marchés en 1851, la consommation algérienne s'était élevée à 108 millions en 1856, à 116 en 1859, à 127 en 1863, à 136 en 1864 et à 192 en 1868.

Dans le cours de cette dernière année, nous avions enregistré un mouvement total de 295 millions, importations et exportations réunies. L'enseignement de cette progression imposante était donc que le développement de la consommation algérienne s'opérait en raison directe de celui de la production de la colonie.

Les deux éléments de la loi économique de l'échange étaient en parfaite harmonie de solidarité, et l'extension de l'un avait pour effet corrélatif immédiat l'extension de l'autre.

La France trouvait un intérêt capital, au point de vue de sa propre exportation, à activer le développement de la production algérienne par son libre écoulement sur les marchés métropolitains.

Une seule bonne loi avait opéré ce miracle. Que de douloureuses et ruineuses expériences en commerce, en peuplement, en colonisation, en efforts vains et infructueux eussent été coujurés, si cette législation de salut avait été édictée dix années auparavant !

De 1851 jusqu'en 1885, époque de l'assimilation complète de l'Algérie avec la France au point de vue commercial, toute la législation douanière, décrets et lois n'ont fait qu'édicter des applications du principe posé par la loi de 1851, et étendre successivement à un plus grand nombre de produits algériens des dispositions favorables à leur entrée en franchise sur le territoire français.

La plus importante innovation que nous ayons à mentionner est celle de la loi du 17 juillet 1867.

La loi de 1851 avait bien établi le fondement de l'union de la France avec l'Algérie. Elle énumérait, dans des tableaux détaillés, ceux de nos produits qui étaient ou paraissaient devoir devenir l'objet d'opérations commerciales. Puis, dans la prévision d'omissions dans ces nomenclatures, elle autorisait le classement par décrets, sauf conversion en loi, dans le délai d'une année, des nouveaux produits naturels que le commerce aurait à présenter.

Un autre tableau comprenait les produits de l'industrie algérienne admis en franchise dans la mère-patrie. Ces tableaux embrassaient, sauf des exceptions peu importantes, la totalité des articles de commerce que l'Algérie pouvait exporter ; cependant ce système avait l'inconvénient de soulever de nombreuses complications d'exécution. La franchise était presque générale, mais elle n'existait pas de plein droit.

Il en résultait de fastidieuses formalités de douane qui faisaient perdre beaucoup de temps aux employés de l'État, nuisaient à la rapidité des opérations commerciales et pesaient péniblement sur le commerce aussi bien algérien que métropolitain.

La loi du 17 juillet 1867 mit d'accord le fait avec le droit, en généralisant la franchise et en supprimant les nomenclatures des désignations particulières. Ce fut une simplification, et le régime sous lequel la nouvelle loi plaça ou maintint les rapports entre l'Algérie et la métropole put être caractérisé d'un mot : c'était la franchise réciproque et absolue.

Sous l'empire de cette législation, le mouvement commercial de l'Algérie tendit à prendre son essor, suivant une progression encore plus rapide et plus considérable que la précédente.

Quelques chiffres en feront ressortir l'activité :

En 1871, nos importations s'élevèrent à 191 millions ; nos exportations à 111 millions ; dépassant ensemble 300 millions.

En 1872, nos importations de 197 millions ; nos exportations de 164 millions, dépassant ensemble 361 millions.

En 1876, nos importations de 213 millions, nos exportations de 166 millions ; dépassant 379 millions.

En 1881, nos importations de 303 millions et nos exportations de 168 millions, dépassèrent 470 millions.

En 1882, nos importations de 411 millions et nos exportations de 150 millions, dépassèrent 561 millions.

Nonobstant des fluctuations intermédiaires dues à des événements ou à des circonstances dont l'effet pouvait toucher le mouvement dans ses manifestations partielles, mais non en compromettre la marche générale, le développement économique reprenait sa course en avant avec d'autant plus de vigueur que des causes diverses en avaient retardé momentanément l'essor.

Rien depuis lors n'est venu changer sensiblement les conditions des relations commerciales de l'Algérie avec la métropole. La réglementation de 1851, confirmée par celle de 1867, peut être considérée comme définitive, quant à son fondement essentiel, une constante expérience en ayant démontré l'efficacité et la bonne économie tant au point de vue métropolitain qu'à celui de la colonie, se confondant dans une commune appellation : l'intérêt national.

Cependant, à partir de 1885, ou plus exactement, du 29 décembre 1884, la législation commerciale de l'Algérie a été l'objet d'une dernière évolution que nous devons considérer comme le point d'origine de la troisième phase de la réglementation commerciale dont la colonie a été gratifiée par la mère-patrie, et à laquelle nous croyons devoir attribuer le titre de phase de l'avenir, expression de notre confiance et de nos espérances.

Cette évolution, tout en sanctionnant l'édifice de notre institution commerciale, a achevé d'effacer la barrière, plus apparente que réelle, qui différenciait l'Algérie de la France, en faisant disparaître l'instrument spécial qui constituait cette barrière.

L'article 10 de la loi du 29 décembre, portant fixation du budget des recettes de l'exercice 1885, abrogea les principales dispositions de la loi du 17 juillet 1867, sur le régime commercial de l'Algérie.

Désormais, il n'existe plus de loi spéciale régissant les rapports commerciaux de l'Algérie avec la France. En Algérie, nous sommes en France au point de vue commercial, et c'est la réglementation douanière en vigueur dans la mère-patrie qui nous est appliquée, sauf pour un très petit nombre d'exceptions commandées en faveur de denrées placées en France sous un régime fiscal exceptionnel, dont l'application à l'Algérie n'a pas paru jusqu'à ce jour désirable.

L'œuvre d'assimilation accomplie le 29 décembre 1884 comportait, cependant, un résultat plus considérable que la simple constatation d'un fait accompli. Elle effaçait les dispositions particulières édictées par la loi de 1867 pour les relations de la colonie algérienne avec les pays étrangers.

Cette dernière loi, œuvre d'une époque où la doctrine de libre-échange était prédominante, avait accordé un traitement extraordinairement favorable aux produits étrangers importés dans la colonie qu'il répartissait entre :

1° Ceux soumis à un tarif spécial ;

2° Ceux admis moyennant le paiement du tiers des droits applicables dans la métropole ;

3° Ceux acquittant les mêmes droits que s'ils avaient été importés en France.

Les législateurs de 1884 estimèrent que l'ouverture intégrale du marché français aux produits naturels et même manufacturés algériens, comportait légitimement, à titre de compensation, l'entrée sans restriction de la colonie algérienne dans le régime douanier français, et la cessation d'avantages faits à l'étranger, lesquels n'étaient certainement consentis qu'au détriment de produits similaires de l'industrie métropolitaine. — En vertu des dispositions de la loi du 29 décembre 1884, la taxation douanière en vigueur dans la métropole vis-à-vis des produits étrangers devint la règle, au lieu d'être l'exception comme elle l'avait été sous le régime de la loi du 17 juillet 1867.

Tous les tarifs métropolitains leur furent appliqués sauf en ce qui concerne un petit nombre de marchandises, spécialement quelques articles de denrées coloniales dont nous avons plus haut fait mention.

Ainsi s'est consommé, après 54 années d'évolutions, le couronnement de notre institution commerciale par lequel notre existence économique demeure unifiée et confondue avec celle de notre mère-patrie.

Si pour connaître les effets recueillis par l'application du régime dont la loi du 29 décembre 1884 est la dernière expression, nous consultons les renseignements fournis, comme ceux qui précèdent, par la statistique officielle, ces documents établissent qu'en 1889 le mouvement commercial de l'Algérie a de nouveau dépassé 500 millions et qu'en 1890, dernière année sur laquelle nous possédions des totaux certains, il a atteint 545 millions.

Dans l'un et l'autre de ces deux exercices, un événement digne d'attention s'est produit.

Pour la première fois, nous avons vu le chiffre des exportations algériennes dépasser celui des importations. Depuis l'édiction de la loi de 1851, les deux éléments constitutifs du commerce avaient une tendance à se rapprocher, le chiffre des exportations suivant une marche ascendante plus active que celui des importations.

Dans les dernières années, on pouvait prévoir que la balance entre eux ne tarderait pas à s'établir. En 1888, les importations ne dépassèrent plus les exportations que de 5 millions et demi.

A partir de l'année suivante, ce sont les exportations qui l'emportent. Ce n'est pas sans un tressaillement de fierté et de satisfaction émue que la production et le commerce algériens ont recueilli ce témoignage probant d'une prospérité économique due à leurs persévérants efforts.

Maintenant, Messieurs, laissons le passé et occupons-nous un peu de l'avenir. Le commerce algérien se présente aujourd'hui devant le monde civilisé avec un mouvement d'un milliard et demi d'affaires annuelles et un chiffre d'exportations supérieur à celui de ses importations.

Sous le rapport de la législation commerciale générale, il a obtenu l'entière satisfaction donnée à ses aspirations. Il jouit d'un régime qui répond à ses affinités nationales, économiques, et qui est éprouvé par une expérience de quarante années.

Ce régime consiste à demander à la France, de préférence à tous autres pays, tout ce dont l'Algérie a besoin en produits manufacturés, et à constituer ainsi un marché réservé à l'écoulement de la fabrication française. Il consiste aussi à ce qu'elle bénéficie de l'entrée absolument déchargée d'entraves, sur le marché français, des productions qui lui sont propres, de telle façon que l'égalité commerciale règne entre elle et la mère-patrie, comme si son territoire n'était autre que le prolongement du territoire national.

Une conséquence se déduit logiquement de cet état de choses.

La France se réservant l'intégralité du marché algérien pour ses marchandises ouvrées, et opposant la rigoureuse application des droits imposés aux produits étrangers qui pourraient venir s'offrir en concurrence des siens aux consommateurs de la colonie ; l'Algérie acceptant volontiers les effets, parfois onéreux pour elle, de cette exclusion de produits industriels étrangers, s'opérant au profit des producteurs industriels nationaux, est fondée à demander à la mère-patrie que celle-ci consente à faciliter et à favoriser l'essor de sa production spéciale, consistant en produits naturels, par l'application, sur les similaires venant de l'étranger, de droits assez élevés pour que son exportation en France ne soit pas mise en infériorité vis-à-vis de ses rivaux exportateurs des mêmes produits.

L'Algérie, sous ce rapport, se borne à rappeler qu'elle est française, que la généralité de ses producteurs sont citoyens et sujets français, qu'ils ont droit, à ce titre, à être protégés dans leurs intérêts par la mère-patrie à l'égal de leurs concitoyens de la métropole.

L'intérêt de la France est, comme le démontre toute l'histoire ci-dessus résumée du commerce de l'Algérie, d'assurer la prospérité de sa colonie, c'est-à-dire de favoriser l'extension de sa production agricole et de l'exploitation des richesses variées de son sol. Si la colonie prospère, elle est une source de profits et d'avantages considérables pour la métropole. Si, au contraire, elle ne se développe que péniblement et périclite, elle ne peut être pour la France qu'une charge, qu'une occasion de dépenses, de sacrifices, et, finalement, un élément d'affaiblissement.

Messieurs, je disais, au début de cette allocution, que l'inauguration du palais consulaire marque une date dans l'histoire du commerce algérien. Elle coïncide avec une époque qui figurera dans nos annales comme le point de départ d'une situation bien différente de celle qui a caractérisé le passé.

Celle-ci a été l'ère de la recherche, des incertitudes, des essais, des tâtonnements dans le cours de laquelle il était impossible d'éviter les écueils, l'enseignement expérimental ne se départissant qu'aux patients et n'improvisant pas ses révélations.

L'ère nouvelle se présente sous un tout autre aspect : notre Algérie s'est affirmée dans ses œuvres. Elle est sûre d'elle-même. Elle puise dans son propre sein l'aliment de sa prospérité. Elle accroît sa richesse par l'exploitation et la mise en valeur de son propre fonds.

Pensez-vous que son développement actuel ait donné la dernière mesure de sa fécondité, et que notre demi-milliard d'échanges fournisse le dernier mot de son expansion commerciale ?

Je ne crois pas m'aventurer beaucoup en exprimant votre pensée répondant à mon interrogation.

Votre réponse, la voici : Le commerce de l'Algérie est encore à son aurore. Les résultats acquis jusqu'à ce jour ne donnent qu'une faible idée de la destinée qui lui est réservée. Bien présomptueux serait celui qui prétendrait déterminer les limites auxquelles s'arrêtera son expansion économique.

Chaque jour l'Algérie accroît l'étendue de son domaine de travail et d'exploitation. Elle n'en utilise encore que des fractions restreintes.

Quand elle disposera d'un outillage comparable à celui que les nations supérieures ont mis au service de leurs facultés productrices et commerciales ; quand ses ports seront munis des aménagements nécessaires à l'affluence grandissante des apports des producteurs et des navigateurs ; quand des chemins de fer auront mis en contact rapide et *sérieusement économique* les régions de production avec les ports d'écoulement ; toutes œuvres qu'il appartient au commerce de provoquer, de poursuivre, d'accomplir lui-même par ses travaux, ses études, ses efforts opiniâtres, défiant la lassitude et surmontant les obstacles, dans l'enceinte même de cet édifice qui lui est remis aujourd'hui pour qu'il préside démocratiquement à la gestion de ses intérêts, à la défense de ses droits, à la distribution de sa justice, à l'initiative des créations appelées au service des extensions successives de ses opérations, alors,


Messieurs,


Notre commerce, notre mouvement d'exportation et d'importation, notre fortune publique seront doubles, décuples, centuples de ce qu'ils sont aujourd'hui. La France sera glorieuse de sa colonie, que le monde proclamera son œuvre la plus grandiose, le plus féconde pour la civilisation, pour l'humanité et pour sa renommée dans l'histoire.

C'est à l'édification de cet avenir que, tous, nous allons désormais consacrer nos travaux et nos méditations.

Je vous propose, pour exprimer notre foi commune et profonde en cet avenir plein de promesses, dont cet édifice, construit et remis entre nos mains par le commerce algérien, est le vivant témoignage, de manifester votre pensée par le cri unanime de

Vive la France !

Vive l'Algérie !

Vive la République !

Après ce discours, accueilli par d'unanimes applaudissements, M. Paul, préfet d'Alger, prononce l'allocution suivante :

Messieurs,

M. le Gouverneur général s'occupe, à l'heure actuelle, des intérêts de l'Algérie dont il a pris si vaillamment la défense. Ses regrets sont grands de ne pouvoir assister à cette fête, retenu qu'il est, à Paris, par les impérieux devoirs qu'il s'est tracés.

Il vous eût dit ses patriotiques ambitions pour la France algérienne et vous aurait gardés sous le charme de sa parole, par-dessus toutes, autorisée.

Un autre pouvait le représenter mieux que moi ; j'ai dû accepter l'honneur d'une délégation déclinée par motif de santé.

Vous avez fait, Monsieur le Président de la Chambre de commerce, un remarquable historique des difficultés rencontrées ici, dès le début de ces transactions commerciales dont vous constatez, aujourd'hui, le rapide développement.

Vous établissez que le commerce de l'Algérie doit surtout son expansion aux mesures prises, il y a quelques années à peine, en 1884.

Gardons-nous d'oublier, ce serait de l'ingratitude, que l'honorable M. Tirman était alors Gouverneur général, et que c'est lui qui a posé la première pierre de l'édifice que nous inaugurons.

En ce monde, rien n'arrive d'un trait à la perfection ; et ceux qui, en haut comme plus bas, dirigent une organisation première ou y participent, s'exposent à d'autant plus de critiques qu'ils se heurtent à plus d'obstacles, mais ils ont pour eux la conscience d'avoir accompli leur devoir dans les limites du possible, et, l'heure venue, ils s'en vont fiers en eux-mêmes d'avoir toujours obéi à la devise : « Fais ce que dois, advienne que pourra. »

Les mêmes hésitations, les mêmes tendances fâcheuses, les mêmes contradictions, qui nuisaient naguère au commerce, ne les retrouve-t-on pas trop souvent, maintenant même, lorsqu'il s'agit des plus graves questions algériennes.

Chacun préconisant son système attaque les idées d'autrui ; c'est dans l'ordre naturel des choses.

Heureux serait-on encore s'il ne se mêlait pas aux discussions cette aigreur, ce personnalisme qui envenime tout.

Que de théories étranges n'avons-nous pas vues s'étaler ! Et vous ne l'ignorez pas : de loin les théoriciens ont beau jeu, mais, de près, comme tout change !

Aussi devons-nous remercier les hommes éminents, tels que M. Burdeau, rapporteur du budget de l'Algérie à la Chambre, et quelques autres encore qui sont venus parmi nous étudier sur place les besoins réels de la colonie, recueillir tous les dires et se faire une opinion mûre et sagement pondérée.

Mais les voyageurs de hasard, dont les explorations s'arrêtent à deux pas, qui cueillent quelques mots au passage et s'en servent, sans même en avoir contrôlé l'origine, pour dogmatiser avec l'entêtement passionné de l'ignorance, ceux-là portent une atteinte inconsciente à la France elle-même, puisqu'ils deviennent nuisibles à sa plus grande, à sa plus belle colonie.

Certainement ils reviendront de leurs erreurs, car il est impossible qu'elles soient volontaires.

Et ils en reviendraient aujourd'hui même ; ils feraient aujourd'hui même amende honorable s'il leur était donné de vous voir à l'œuvre ;

Vous, Messieurs de la Chambre de commerce, vous livrant avec votre ardeur infatigable à la recherche de tout ce qui peut accroître la richesse de la colonie et de la mère-patrie, dont les intérêts sont à tout jamais inséparables ;

Vous, Messieurs du Tribunal de commerce, consacrant vos efforts aux œuvres de cette justice sereine qui ne voit que la loi et l'équité, sans s'inquiéter de l'origine européenne, maure, kabyle ou m'zabite, de ceux dont les différends vous sont soumis ;

Vous, Messieurs les Prud'hommes, qui n'avez d'autre souci que de départager avec droiture ouvriers et patrons, sans distinction d'origine ni de race.

Tous vous avez rendu et vous ne cesserez de rendre d'éminents services.

Et cette Bourse du travail, installée dans le Palais grâce au Conseil municipal, n'en rendra-t-elle pas elle-même ? N'est-ce pas ici que viendront se débattre les questions qui touchent aux intérêts sacrés des ouvriers, à ces intérêts qui font l'objet des préoccupations incessantes non seulement du gouvernement de la République, mais de tous ceux qui ont loyalement à cœur la résolution la plus prompte et la plus sincère des problèmes sociaux ?

Vous l'avez dit, Monsieur le Président de la Chambre de commerce; la construction du palais consulaire d'Alger marque une grande étape, un nouveau point de départ dans cette marche en avant ou plutôt dans cette irrésistible évolution vers le progrès qui entraîne la France algérienne.

Et c'est d'ici qu'on peut le mieux apercevoir les horizons ouverts sur l'avenir.

Avec l'aide de l'activité commerciale, la colonisation s'épandra, de plus en plus intense, du littoral méditerranéen jusqu'aux sables du Sahara. Avec son aide encore la science et l'agriculture aboutiront à la conquête définitive de ces vastes Hauts-Plateaux jusqu'à présent rebelles et stériles.

Et ce beau pays, qui fut déjà prospère sous la domination romaine, verra cette prospérité, grande dès aujourd'hui, bien autrement grandir et dépasser toutes les espérances.

Unissons, Messieurs, tous nos efforts pour atteindre ce but élevé.

Et si quelques nuages se montrent sur nos têtes, regardons-les passer sans nous émouvoir.

Le souffle de justice qui s'élève dans la mère-patrie les emportera bientôt; car la France sait que les Français d'Algérie l'aiment de toute leur âme, qu'ils ont pour désir le plus ardent sa puissance et sa grandeur, pour ambition suprême l'honneur et la gloire de la République.

Cette allocution a été à diverses reprises interrompue par des applaudissements.

L'orchestre municipal a de nouveau exécuté la *Marseillaise*.

Les personnages qui occupaient l'estrade d'honneur ont alors quitté leur place et, conduits par M. J. Warot, ont visité en détail le nouveau palais consulaire.

Par le monumental escalier de pierre qui occupe le fond du hall, on parvient au premier étage. Tout autour de la galerie sont disposées les différentes salles.

A droite, la salle des délibérations de la Chambre de commerce. La décoration en est sobre, mais du meilleur goût ; le plafond surtout est remarquable et, sur la haute cheminée de marbre foncé, un joli buste trône dans une sorte de petite niche ornée de mosaïques à fond doré du meilleur effet.

Puis viennent les bureaux du Président de la Chambre de commerce, des secrétaires de la Chambre et du Tribunal et celui du Président du Tribunal.

La bibliothèque s'ouvre à côté et communique avec la Chambre du conseil. L'ameublement des deux pièces est grave et sombre, en chêne sculpté. Les panneaux, très élevés, sont du même bois ; sur la cheminée nous remarquons un bronze très artistique, signé Perrin, et représentant le couronnement du Travail par la Fortune.

Enfin, pénétrons dans la salle des audiences du Tribunal de commerce ; elle est plus vaste que celles du Palais de justice. Le mobilier, sombre, est des plus riches.

Plus haut, règne une deuxième galerie, autour de laquelle sont installés les différents bureaux du Greffe, du Secrétariat du tribunal de commerce et du Conseil des prud'hommes.

Telles sont les principales dispositions du monument qui, à partir d'aujourd'hui, se trouve livré à son affectation.

Cette visite terminée, c'est-à-dire vers 3 heures, les autorités se sont retirées et la foule des spectateurs s'est écoulée.

## LE BANQUET

Dimanche soir, 10 janvier, a eu lieu, dans le hall de la Bourse, le banquet d'inauguration du palais consulaire.

A gauche de M. Warot, président de la Chambre de commerce, avaient pris place M. le Préfet d'Alger et M. le Procureur de la République. A droite M. Zeys, premier président de la Cour d'appel, faisant vis-à-vis à M. Guillemin, maire d'Alger. Vis-à-vis de M. le Préfet, M. Flandin, procureur général.

En face du Président de la Chambre de commerce avaient pris place M. le Président du Tribunal de commerce; M. Meunier, ingénieur en chef des Ponts et Chaussées ; M. Paysant, trésorier-payeur général ; M. Mangin, directeur des Contributions directes ; M. Nelson-Chiérico, directeur de la Banque de l'Algérie; à sa gauche M. le Préfet ; M. le Recteur de l'Académie ; M. Gensoul, procureur de la République ; M. Pluque, adjoint au maire.

Parmi les autres convives on remarquait les hautes personnalités administratives et judiciaires, des conseillers généraux et municipaux, etc.

Au début du banquet, l'*Union philharmonique de Bab-el-Oued* a exécuté la *Marseillaise* ; les musiciens de cette société ont ensuite joué, par intervalles, les meilleurs morceaux de leur répertoire ; l'*Hymne national russe* et la *Marseillaise* ont été vivement applaudis.

Au dessert, M. le Préfet a ouvert la série des toasts en portant une santé au Président de la République.

« Je ne referai pas l'éloge de M. Carnot, a-t-il dit; il est dans les cœurs de tous les républicains ; il est dans la conscience des autres.

» Au Président de la République, à la Patrie ! »

De longs applaudissements ont salué ces paroles.

M. J. Warot s'est ensuite exprimé en ces termes :

MES CHERS CONCITOYENS,

Je ne puis dire « chers invités » car on n'est pas invité dans sa propre maison, et cette maison est la vôtre.

Elle est de tous les Algériens qui, adonnés aux affaires, y afflueront à partir de ce jour pour y traiter leurs négociations commerciales ou financières, y faire appel aux mandataires consulaires qu'ils ont eux-mêmes nommés et y soumettre leurs conflits au tribunal constitué par leurs suffrages.

C'est assez vous dire que nous devons nous attendre à voir cette demeure grandement fréquentée, et ce n'est pas sous son toit que les amateurs de recueillement viendront chercher la solitude.

Les affaires, *the business*, comme disent les Anglo-Saxons, voilà l'intérêt auquel répond cet édifice. Nos voisins et rivaux britanniques placent cet ordre de préoccupations au premier rang, et sous cet unique rapport je crois que nous sommes doués d'un tempérament qui se rapproche du leur.

Les affaires, nous ne faisons nullement profession de dédain à leur égard. De même que l'on dit : l'argent, c'est le nerf de la guerre, nous disons volontiers : les affaires, c'est l'essence de la vie économique et sociale. A l'époque où nous sommes, la vie ne s'accommode guère de contemplations, pas plus que de discussions et de dissertations sur le meilleur moyen d'être heureux.

Nous nous honorons de considérer le travail qui rapporte, fait subsister et à l'occasion mène à la fortune, comme l'instrument le plus efficace pour obtenir la part de légitime bien-être à laquelle chacun aspire, si modeste que soit son ambition.

L'édifice que vous nous avez chargés de construire est donc, tout simplement, votre maison d'affaires. Nous le remettons entre vos mains en formant sincèrement le souhait que ces affaires soient toujours bonnes, toujours fructueuses et qu'il ne vous arrive jamais d'avoir à regretter celles que vous y aurez conclues.

Je dois maintenant vous dire que, sous peine de passer pour ingrats, vous avez une grande somme de remercîments à distribuer, si vous voulez exprimer à tous ceux qui ont contribué à l'édification de ce monument la gratitude à laquelle ils ont droit.

D'abord, à tout seigneur tout honneur, il y a celle qui revient aux administrations publiques et personnellement aux chefs éminents qui les dirigent, à MM. les Ministres du Commerce et des Finances, à M. le Gouverneur général de l'Algérie, à M. le Préfet du département, à M. le Maire d'Alger, auprès de qui nous avons rencontré en toute circonstance la plus entière bienveillance et le concours le plus empressé pour nous faciliter notre tâche, nous aplanir les voies et nous aider à surmonter les obstacles auxquels se heurtait notre inexpérience.

Nous avons à témoigner un égal degré de reconnaissance aux membres de la représentation du département d'Alger au Parlement. MM. Mauguin, sénateur, Letellier et Bourlier, députés. Tout en vous transmettant l'expression de leurs regrets d'avoir été empêchés par leurs devoirs parlementaires ou par des circonstances indépendantes de leur volonté, d'assister à cette fête, je me plais à rappeler que c'est à leurs démarches personnelles et pressantes que nous devons la solution de bon nombre de complications dont l'issue eût fait subir à notre œuvre, sans leur intervention, d'interminables retards.

Ensuite, dans l'ordre naturel des choses, nous ne devons pas oublier, Messieurs, que sans les centimes additionnels ajoutés à un nombre assez limité de patentes des commerçants de la ville d'Alger, nous n'aurions pas de palais consulaire. C'est un surcroît de charges qui leur a été imposé, la loi l'exigeant ainsi, et nous pouvons bien ajouter que l'universalité des commerçants de la circonscription est appelée à bénéficier des sacrifices demandés à un nombre restreint d'entre eux.

Permettez-moi d'exprimer les remerciements de tous, aux honorables négociants de notre ville, pour leur participation contributive à l'érection de cet édifice, et de leur faire connaître que la Chambre de commerce ne négligera aucun effort pour atténuer autant et aussi prochainement que possible la contribution qui leur est demandée.

Messieurs, nous avons aussi un devoir à remplir à l'égard de ceux de nos devanciers qui, après avoir consacré à cette œuvre beaucoup de patient et persévérant labeur, ont disparu trop tôt pour avoir eu la joie d'assister à son couronnement. Donnez notamment un souvenir reconnaissant à la mémoire de feu M. Alexandre Henri et de feu M. Aristide Boniffay, nos collaborateurs et présidents, qui, pendant tant d'années, ont mis au service du projet de palais consulaire leur esprit laborieux et actif.

Que l'expression de nos regrets atténue près de leurs familles les sentiments qu'elles doivent ressentir à la pensée de ces absences à l'inauguration de l'édifice qui fut l'objet de leurs si vives et si constantes préoccupations.

Et, maintenant, nous avons à présenter nos remerciements à notre jeune et éminent architecte, M. Henri Petit, pour sa belle et artistique création. Qu'il reçoive ici, au nom du Commerce d'Alger et de la circonscription, le juste tribut d'éloges que mérite ce monument, à l'égard duquel la satisfaction publique se manifeste entière et unanime.

Le palais consulaire est une œuvre magistrale et je crois être l'interprète de la pensée de tous en adressant à son auteur nos plus sincères, nos plus chaudes félicitations.

Quant à nous, Chambre et Tribunal de commerce, qui avons été à la peine et qui sommes à l'honneur, services destinés à établir dans cet édifice le siège du fonctionnement de nos administrations, ce sont des remerciements que nous avons à vous adresser, mon cher auditoire, bien plutôt que d'en recevoir, car si nous avons travaillé, et je dois bien avouer que tout ceci ne s'est pas fait sans peine, c'était certainement à notre avantage, tant nous avions à gagner dans la substitution de notre nouvelle installation à l'ancienne. Si nous n'y trouvions pas notre satisfaction, nous serions bien difficiles.

Il me semble même que le changement dont nous recueillons le bénéfice doit nous être tellement sensible que nous manquerions à nos devoirs en ne redoublant pas de zèle dans l'accomplissement du mandat que vous nous avez confié. Je suis bien certain de n'être contredit par aucun des membres de nos deux assemblées consulaires, en vous assurant que nous ne nous déroberons pas aux obligations auxquelles cet établissement confortable nous engage.

Mes chers concitoyens,

Je bois à toutes les personnes qui ont travaillé, coopéré, concouru à l'édification du palais consulaire d'Alger, et j'unis dans ce toast le souvenir de celles qui ne sont plus parmi nous à l'expression de notre reconnaissance envers celles qui ont vu s'accomplir le couronnement de l'édifice.

Chacun des toasts portés par M. Warot a été salué par des applaudissements.

Puis, M. Castan, président du Tribunal de commerce, a pris la parole :

Messieurs,

Après 25 ans d'efforts, après des difficultés de toute nature, la Chambre de commerce a enfin réussi à doter la ville d'Alger d'un magnifique palais consulaire.

Je l'en félicite au nom du Tribunal de commerce.

La Chambre et le Tribunal ne forment qu'une même famille commerciale.

Nos deux compagnies ont la même origine. Elles poursuivent le même but, avec des attributions différentes toutefois, la défense et la sauvegarde des intérêts commerciaux.

Cette communauté d'origine et de devoirs a créé entre nous, Messieurs de la Chambre, des liens puissants qui se resserreront encore, j'en suis certain, lorsque nous serons réunis dans le même palais.

Nul doute, en effet, que la facilité de nos rapports ne les rendent plus fréquents et plus cordiaux encore que par le passé, au grand profit des intérêts qui nous sont confiés.

Qu'il me soit permis, Messieurs, d'associer aux sentiments que je viens d'exprimer la mémoire de deux anciens présidents de la Chambre de commerce, M. Henri et M. Boniffay, qui, moins heureux que leur successeur, mon collègue et ami M. Warot, n'ont pu assister au couronnement de l'œuvre à laquelle ils ont puissamment contribué.

Je bois à la Chambre de commerce d'Alger !

Je bois à la prospérité du commerce algérien !

M. Flandin, procureur général, a constaté, en excellents termes, les services importants rendus par la justice consulaire dont il a fait le juste éloge. Il a bu à l'union, toujours intime, de cette magistrature élective et de la magistrature dont il est l'un des chefs, assurant que son concours sera toujours acquis à la première.

Cette parole élégante a produit un excellent effet et a été chaudement applaudie.

M. Guillemin a pris ensuite la parole et expliqué que si la Chambre de commerce avait mené à bien son œuvre, il restait à la municipalité à accomplir la sienne. Il lui faut percer les rues qui donneront accès à l'une des entrées les plus importantes de l'édifice et par où le public pourra se mettre en rapport avec les principaux services consulaires.

Il y a là une œuvre de viabilité et d'assainissement d'un quartier faisant actuellement tache dans la cité. Tous ces projets sont étudiés et, pour être mis à exécution, il ne leur manque plus que le nerf de la guerre, l'argent nécessaire pour procéder à toutes ces expropriations.

Il s'agit là d'une somme de 800,000 francs que ne peut fournir la ville, mais qui peut être obtenue au moyen d'un accord entre la commune et des propriétaires ou entrepreneurs.

Le Maire boit à l'union de la municipalité et des commerçants, pour la prompte réalisation de ces projets.

En quittant la table, les invités se sont rendus dans la belle salle de délibérations de la Chambre consulaire, où a été servi le café. Là les groupes se sont formés. On sentait un esprit d'union et de cordialité dominer dans l'assemblée. Et comme il n'est pas de brillante fête qui ne doive prendre fin, on s'est séparé vers minuit, emportant de cette soirée la meilleure impression.